Gertrude Fein

Wunder-Wok

Aldidente

Eichborn

1 2 3 4 07 06

Umschlaggestaltung: Christiane Hahn und Christina Hucke
Lektorat: Oliver Thomas Domzalski
Reihenlayout: Cosima Schneider
Illsustrationen: Irma Schick
Gesamtherstellung: Fuldaer Verlagsanstalt, Fulda

ISBN 3-8218-6003-0

Verlagsverzeichnis schickt gern:
Eichborn Verlag, Kaiserstraße 66, 60329 Frankfurt am Main
www.eichborn.de

Inhaltsverzeichnis

Fisch und Fleisch

Vorwort

Der Wok ist eine der besten Erfindungen Asiens. Einfach in der Handhabung, kann man mit dem Wok im Nu eine Vielzahl kulinarischer Genüsse zaubern, die überdies noch sehr gesund sind. Frische Zutaten werden mit wenig Fett in kurzer Zeit schonend zubereitet. Vitamine bleiben erhalten, die Speisen sind leicht verdaulich, und wenn man sie dann noch mit Stäbchen isst, entfällt fast automatisch das ungesunde Schlingen, das man sich bei Fastfood und Kantinenessen angewöhnt hat.

Doch Vorsicht beim Kauf eines Woks: Es gibt große Unterschiede. Wichtig ist, dass der Wok einen möglichst hohen Rand hat, weil so die Zutaten bei Bedarf rasch von der starken Hitze im Bodenbereich weggeschoben werden können. Ebenfalls wichtig ist, dass der Wok nicht zu schwer ist, damit man ihn einerseits leicht rütteln kann und andererseits sich nicht zu lange die Hitze staut. Zu dünn sollte das Blech aber auch nicht sein, weil das Kochgut darin schnell anbrennen kann. Und ganz wichtig ist es, auf die Griffe zu achten. Es gibt Woks mit nur einem langen, meist mit Holz umkleideten Stiel, der sich sehr gut dafür eignet, die Pfanne auf dem Feuer hin- und herzurütteln, es gibt welche mit zwei isolierten Griffen und welche mit zwei unisolierten Griffen. Letztere sind natürlich unpraktisch, weil man stets mit Topflappen oder Küchenhandschuhen arbeiten muss.

Unbeschichtete Woks müssen vor dem ersten Gebrauch gründlich vorbereitet werden – beachten Sie dafür immer die Herstelleranweisungen. Wichtiges Zubehör zum Wok sind ein möglichst hoher Deckel, ein Dämpfgitter, ein Standring, eine Bratschaufel aus Metall, bei beschichteten Woks ein Holzschieber. Ein Bambuseinsatz zum Dämpfen und lange Stäbchen zum Bewegen des Bratgutes sind nicht unbedingt erforderlich, aber hübsch, und sie wirken sehr professionell.

Es ist alles in allem also nicht ganz einfach, den richtigen Wok auszusuchen. Inzwischen ist allerdings so etwas wie die eierlegende Wollmilchsau auf dem Markt: ein Wok mit nur wenig abgeflachtem Boden, versehen mit robuster Beschichtung, beheizt von einer Gaskartusche. Das Ding sieht auch noch gut aus und kann – ähnlich wie ein Fonduegeschirr – am Tisch benutzt werden.

Der Wok und wie man damit arbeitet

Das Braten mit dem Wok beginnt mit fleißigem Schnibbeln und Mischen. Alle Zutaten müssen so vorbereitet sein, dass sie, wenn der Wok erhitzt wird, ohne weitere Arbeitsschritte verwendet werden können. Das heißt also: Vorher Fleisch und Gemüse zerkleinern, Gewürze mahlen oder hacken, Fisch zerteilen, Krabben schälen, Marinaden und Pasten verrühren, Nudeln überbrühen, Reis vorgaren und so weiter. Am besten ist es, wenn alle Zutaten in der Reihenfolge ihrer Verwendung bereitstehen, dann kann eigentlich nichts mehr schiefgehen. Der Wok sollte ohne Fett erhitzt, dann erst das Öl zugegeben werden. Gewürze wirken intensiver, wenn sie vorgeröstet werden, wobei sie obendrein einen wunderbaren Duft verströmen.

Die meisten Zutaten zum Kochen im Wok bekommt man in jedem Lebensmittelladen, beim Gemüsehändler und beim Metzger. Einige jedoch sind nicht überall zu haben. Zwar führt inzwischen fast jeder Supermarkt Sojasaucen, die rote, scharfe Würzpaste Sambal Oelek, Chilisauce, Glasnudeln und frischen Ingwer. Auch Erdnussöl, das für den Wok besonders geeignet ist, weil es sehr stark erhitzt werden kann, ohne schwarz zu werden, ist in vielen Supermärkten vertreten. Bei frischem Zitronengras, Korianderblättern oder Kaffirlimetten-Blättern sieht die Sache schon schwieriger aus. Diese Dinge bekommt man nur in asiatischen Spezialitätengeschäften. In Großstädten ist die Beschaffung also kein Problem, in kleineren Orten ist das meist nicht so einfach, auch wenn es fast in jeder Kleinstadt ein China-Restaurant gibt, von denen viele auch einen kleinen Spezialitätenladen betreiben. Es empfiehlt sich also, sich mit den wichtigsten Zutaten einzudecken, wenn man irgendwo einen Asienladen findet.

Manches, wie zum Beispiel Zitronengras und Limettenblätter, lässt sich gut einfrieren, Koriandergrün dagegen wird in der Tiefkühltruhe weich und matschig, behält aber den Geschmack. Wer diesem Gewürz skeptisch bis feindlich gegenübersteht, lässt es eben weg oder ersetzt es durch Petersilie. Leichter tut man sich mit Saucen und Trockengewürzen. Sie sind in der

Regel sehr lange haltbar und können oft durch andere Gewürze ersetzt werden. Und es sind ja nicht nur asiatische Gerichte, die im Wok zubereitet werden können; auch ganz traditionelle europäische Rezepte, wie beispielsweise Bœuf Stroganow, eignen sich bestens für den Wok.

Überhaupt macht es ja gerade den Spaß am Kochen mit dem Wok aus, dass es der Kreativität und Phantasie keine Zügel anlegt. Nichts an den Rezepten muss sklavisch genau eingehalten werden. Wer das eine Gemüse nicht mag, nimmt ein anderes. Wer meint, ein Gericht bräuchte mehr Farbe: Rein mit der roten Paprikaschote.

Wem die Fischsauce (Nuoc mam) ein Graus ist: Weg damit, Sherry dran und Sojasauce. Im Übrigen handelt es sich in den folgenden Rezepten bei »Sojasauce« um die helle Variante, dunkle oder süße Sojasauce wird extra erwähnt. Ist die Sojasauce alle: Mehr salzen und vielleicht etwas Sherry dazugeben. Da jedes Gericht nach Gusto gesalzen werden sollte, wird Salz in den Rezepten nur dann aufgeführt, wenn keine andere salzhaltige Würze enthalten ist. Das Wichtigste beim Kochen mit dem Wok ist, dass das fertige Produkt der Köchin oder dem Koch und ihren Gästen schmeckt und auch fürs Auge etwas hergibt.

Im Übrigen gibt es bei Aldi ein paar Mal im Jahr Asia-Spezialitäten: Woks, Geschirr, Stäbchen, verschiedene Reissorten, Nudeln, Gewürze, Saucen, Suppen, Fertiggerichte, süße und saure Konserven, und, und, und. Im normalen Sortiment ist ebenfalls vieles zu finden, was für die folgenden Rezepte geeignet ist: beispielsweise Riesengarnelen, Rinder- und Lammsteaks, etliche Fischsorten, Hackfleisch aus den Tiefkühltruhen, Frühlingszwiebeln, Karotten, Paprikaschoten und viele andere Gemüsesorten frisch je nach Saison.

Falls nicht anders angegeben, sind alle Rezepte für vier Personen gedacht.

Rote Curry-Paste

6 getrocknete rote Chilis, gehackt
1 Zwiebel, gehackt
3 Knoblauchzehen, gepresst
2 EL Erdnussöl
1 TL Zitronenschale von unbehandelter Frucht, gerieben
2 TL Krabbenpaste
1 EL Kreuzkümmel, gemahlen
1 EL scharfer Paprika
2 TL Kurkuma, gemahlen
1 TL schwarzer Pfeffer, gemahlen

Grüne Curry-Paste

8 frische kleine grüne Chilis
3 Knoblauchzehen
2 Stängel frisches Zitronengras
2 TL Zitronenschale, gerieben
1 TL Kreuzkümmel, gemahlen
1 TL Kurkuma, gemahlen
1 TL Korianderkörner, gemahlen
1 TL Krabbenpaste
2 EL Wasser

Vorbereitungszeit: 5 min.
Zubereitungszeit: 3 min.

Alle Zutaten in der Küchenmaschine oder mit dem Handmixer zu einer geschmeidigen Paste verarbeiten. Sie lässt sich in einem gut verschlossenen Glas bis zu zwei Wochen im Kühlschrank aufbewahren.

Suppen und Vorspeisen

Entenbrustsuppe

4 getrocknete chinesische Pilze
100 g China-Nudeln
ca. 1 l Hühnerbrühe
1 TL Sambal Oelek
1 TL süße Sojasauce
1 EL Erdnussöl
8 Scheiben Entenbrust, sehr dünn geschnitten
1 EL frischer Ingwer, in dünnen Scheiben
4 Frühlingszwiebeln, quer in feine Streifen geschnitten

Vorbereitungszeit: 20 min.
Zubereitungszeit: 15 min.

Die Pilze etwa 20 Minuten einweichen, abtropfen lassen und den Stiel entfernen. Nudeln nach Kochanleitung zubereiten und warmstellen. Hühnerbrühe zum Kochen bringen, mit Sambal Oelek und Sojasauce abschmecken. Pilze kurz in der Suppe ziehen lassen, warmstellen. Öl im Wok erhitzen und die Entenbrustscheiben mit dem Ingwer bei starker Hitze rasch goldbraun braten. In jede Suppenschale 2 Scheiben Entenbrust, eine Portion Nudeln und einen Pilz geben, mit der kochend heißen Brühe übergießen und mit Frühlingszwiebeln dekorieren.

Tipp:
Die Entenbrust schneidet sich am besten, wenn sie leicht gefroren ist, also tiefgefrorene Ware schneiden, bevor sie ganz aufgetaut ist; frische Ware kurz ins Tiefkühlfach legen.

Rindfleischsuppe mit Nudeln und Pilzen

150 g dicke chinesische Nudeln
8 getrocknete Shiitake-Pilze
2 EL Erdnussöl
500 g Rinderlende, in Streifen geschnitten
4 Frühlingszwiebeln, in dünne Ringe geschnitten
2 Knoblauchzehen, gepresst
2 TL Ingwer, gerieben
1 l Rinderbrühe
1 EL Sojasauce
2 EL Reiswein oder Sherry

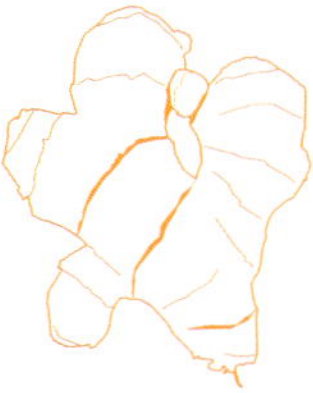

Vorbereitungszeit: 20 min.
Zubereitungszeit: 10 min.

Die Nudeln nach Kochanleitung zubereiten und zur Seite stellen. Pilze mit heißem Wasser übergießen, ca. 20 Minuten eingeweicht lassen, abgießen, Stiele entfernen. Die Hälfte des Öls im Wok erhitzen, das Fleisch darin anbraten, bis es rundum braun ist, und zur Seite stellen. Dann das restliche Öl in den Wok geben und die Hälfte der Zwiebeln, Knoblauch und Ingwer braten, bis sie weich sind. Fleischbrühe, Sojasauce und Reiswein angießen, zum Kochen bringen. Pilze, Fleisch und Nudeln dazugeben, zum Kochen bringen, dann die Hitze sofort reduzieren und ohne Deckel etwa 5 Minuten ziehen lassen. Vor dem Servieren mit den übrigen Zwiebeln bestreuen.

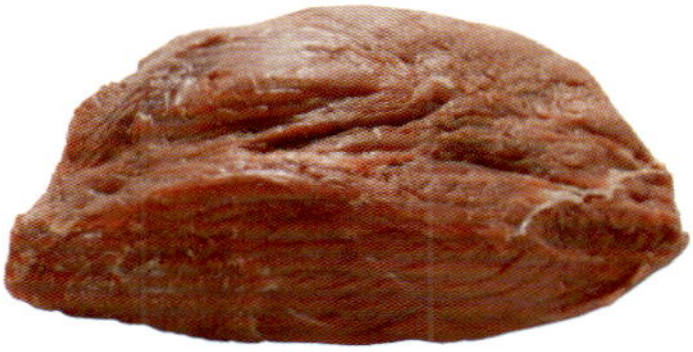

Info:
Die Shiitake-Pilze kommen aus Asien, dort nennt man sie die »Könige der Pilze«. Ihre besondere Substanz ist das Lentinan, das gut für unsere Insulinproduktion ist und sich positiv auf den Blutzuckerspiegel auswirkt.

Warmer Rindfleischsalat

400 g Rinderlende, in Streifen
2 EL Olivenöl
2 EL Zitronensaft
1 TL Kümmel, gemahlen
1 TL Korianderkörner, gemahlen
3 Knoblauchzehen, gepresst
200 g Joghurt
1 EL frische Minze, gehackt
2 rote Zwiebeln, in dünnen Scheiben
4 Eiertomaten, in Scheiben
200 g Rucola

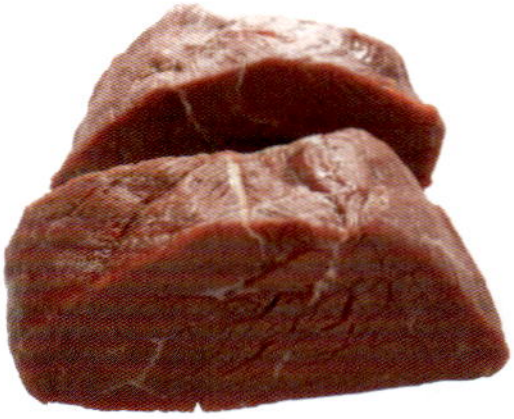

Vorbereitungszeit: 15 min.
Zubereitungszeit: 10 min.

Das Fleisch mit der Hälfte des Öls und des Zitronensaftes, Kümmel, Koriander und zwei gepressten Knoblauchzehen vermischen, mindestens 3 Stunden kalt stellen. Joghurt mit Minze, dem restlichen Zitronensaft und dem übrigen Knoblauch verrühren und in einem Schüsselchen bereitstellen. Das Öl im Wok erhitzen, Fleischmixtur und Zwiebelscheiben bei kräftiger Hitze braten, bis alles schön braun ist. Tomatenscheiben dazugeben und mit erhitzen. Rucola auf einer Platte anrichten, das Fleisch darauf platzieren und mit der Joghurtsauce servieren. Dazu passt Pita-Brot, am besten frisch aufgebacken.

Info:
Rote Zwiebeln besitzen eine dünne, leuchtend rote bis rötlich-bläuliche äußere Schale. Sie schmecken mild-würzig und weniger stechend-scharf als die normale Haushaltszwiebel.

Warmer Fischsalat

500 g Fischfilet (von Rotbarsch, Kabeljau oder ähnlich festfleischigen Fischen), in 5 cm großen Würfeln
100 ml Zitronensaft
1 kleine Dose Kokosmilch
2 EL frischer Ingwer, gerieben
1 kleine Stange Lauch, in Streifen
2 EL Erdnussöl
1 weiße Zwiebel, in dünnen Scheiben
4 Kaffirlimetten-Blätter, möglichst fein zerkleinert
1 rote Paprikaschote, in Streifen
etwa 100 g Frisee oder anderer fester Blattsalat
Salz, Pfeffer

Vorbereitungszeit: 15 min.
Zubereitungszeit: 15 min.

Den Fisch in einer Schüssel mit Zitronensaft, Kokosmilch und der Hälfte des Ingwers mischen und über Nacht im Kühlschrank durchziehen lassen. Fisch aus der Marinade nehmen und mit Küchenpapier abtupfen. 1 EL Öl im Wok erhitzen, Fisch mit der Zwiebel, den Limettenblättern und dem restlichen Ingwer darin braten, bis er den gewünschten Garpunkt erreicht hat; zur Seite stellen. Restliches Öl im Wok erhitzen, Paprika und Lauch darin braten, bis sie durch sind, aber noch Biss haben. Fischmischung darunter heben und anwärmen. Eine Platte mit den Salatblättern auslegen und den Fisch darauf anrichten. Mit Salz, Pfeffer und eventuell noch etwas Zitronensaft abschmecken.

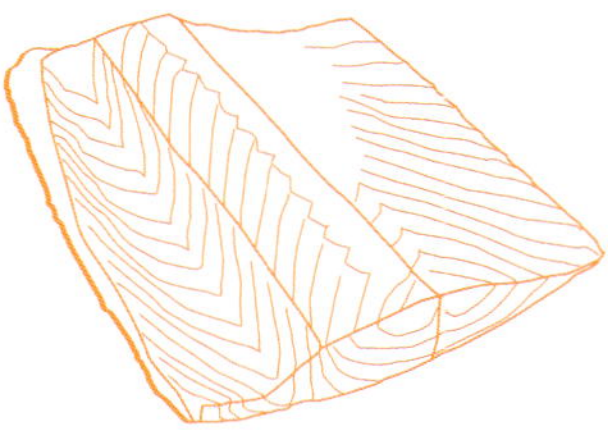

Gefüllte Muscheln

12 bis 16 große Miesmuscheln
2 EL Olivenöl
1 kleine Zwiebel, sehr fein geschnitten
1 EL frischer Ingwer, gerieben
1 Knoblauchzehe, gepresst
1 Stängel Zitronengras, fein gehackt
300 g Fischfilet (Rotbarsch oder Ähnliches)
1 Eiweiß
1 EL Schlagsahne
1 EL frisches Basilikum, gehackt
2 frische rote Chilis, entkernt und in feine Streifen geschnitten

Vorbereitungszeit: 30 min.
Zubereitungszeit: 5 min.

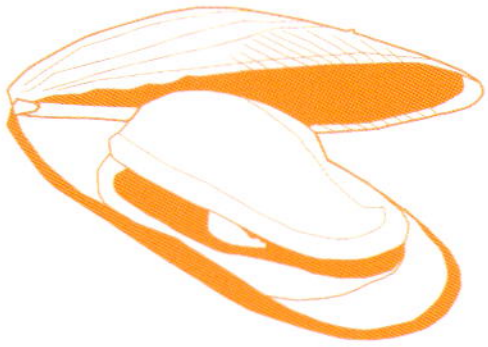

Die Muscheln schrubben, Bärte entfernen, in einem Topf mit kaltem Wasser ansetzen, zum Kochen bringen und etwa 3 Minuten sieden lassen, bis sich die Schalen öffnen. Abgießen, mit kaltem Wasser abschrecken und trocknen. Zerbrochene Muscheln oder solche, die sich nicht öffnen lassen, wegwerfen. (Es empfiehlt sich deshalb, etwas mehr Muscheln zu kaufen, als man für diese Vorspeise braucht.) Deckel der Muscheln entfernen. Im Wok oder einer Pfanne Öl erhitzen, Zwiebel, Ingwer, Knoblauch und Zitronengras andünsten, bis die Zwiebel weich ist. Fisch, Eiweiß und Sahne mit dem Handmixer oder in der Küchenmaschine zu einer sämigen Paste vermischen, dann mit der Zwiebelmixtur und dem Basilikum verrühren. Diese Masse mit einem Löffel auf die Muscheln verteilen und glattstreichen. Mit Chilistreifen dekorieren und in einen Bambusdämpfer oder auf ein Dämpfgitter setzen. In den Wok etwa 2 cm hoch Wasser füllen und zum Kochen bringen; den Dämpfer darauf platzieren und die Muscheln zugedeckt etwa 3 bis 5 Minuten dämpfen, bis die Fischmasse gar ist.

Info:
Miesmuschelzeit ist zwischen September und März.

Dim Sum aus Wonton-Blättern mit Schweinebauch

250 g fetter, gepökelter Schweinebauch, in kleinen Würfeln
1 EL süße Chilisauce
1 Packung Wonton-Blätter (aus einem asiatischen Geschäft) oder Yufkateigblätter (aus einem türkischen Geschäft)

Vorbereitungszeit: 15 min.
Zubereitungszeit: 10 min.

Den Schweinebauch im Wok kräftig anbraten, mit Chilisauce vermischen, zur Seite stellen. Den Wok reinigen. Aus den Teigblättern mit einer großen Tasse oder einem großen Glas runde Scheiben ausstechen. In der Mitte der Scheiben je einen Teelöffel Schweinebauch platzieren, den Teig zu einem Beutel formen und mit einer leichten Drehung schließen. Im Wok Wasser zum Kochen bringen (etwa 2 bis 3 cm hoch), Teigbeutel mit etwas Abstand voneinander in einen Bambusdämpfer oder auf ein Dämpfgitter setzen, den Wok zudecken und die Dim Sums etwa 10 Minuten garen. Darauf achten, dass immer genug Wasser im Wok ist.

Tipp:
Die Wonton-Taschen können selbstverständlich auch mit allen möglichen anderen Mischungen gefüllt werden.

Kartoffelpfanne mit Ziegenkäse

Als Vorspeise für 4 Personen, als Hauptgericht für 2

2 EL Olivenöl
2 – 3 Lorbeerblätter
5 – 6 mittelgroße, vorwiegend festkochende Kartoffeln, geschält und in dünnen Scheiben
1 große Zwiebel, in dünnen Scheiben
200 g Ziegen-Schnittkäse, in Scheiben
1 Bund Schnittlauch, geschnitten
Salz, Pfeffer

Vorbereitungszeit: 20 min. für 4 Portionen, 10 min. für 2 Portionen
Zubereitungszeit je nach Kartoffelsorte: 15 bis 20 min.

Etwa 2 EL Öl im Wok erhitzen, Lorbeerblätter kurz darin anbraten, bis sie leicht braun werden, und dann wegwerfen. (Vorsicht, die Sache spritzt!) Dann die Kartoffeln einfüllen, erst die Unterseite anbraten, dann wenden und mit der anderen Seite genauso verfahren. Falls die Kartoffeln zu trocken wirken, noch etwas Öl hinzufügen. Die Zwiebeln untermischen und dann unter häufigem Wenden weiter braten, bis die Kartoffelscheiben gar und schön braun sind. Ziegenkäsescheiben darauf legen, kurz zudecken, bis der Käse schmilzt. Mit Schnittlauch bestreuen und am besten im Wok servieren.

Gemüse

Brokkoli und Blumenkohl

2 EL Olivenöl
1 große rote Zwiebel, in dünnen Scheiben
400 g Brokkoliröschen
400 g Blumenkohlröschen
60 ml Apfelessig
2 Knoblauchzehen, gepresst
1 EL brauner Zucker
2 EL Basilikum, grob gehackt

Vorbereitungszeit: 20 min.
Zubereitungszeit: 20–25 min.

Das Öl im Wok erhitzen, Zwiebelringe bei geringer Hitze darin andünsten. Die Kohlröschen dazugeben und unter ständigem Rühren anbraten. Die restlichen Zutaten (bis auf das Basilikum) untermischen und dünsten, bis Brokkoli- und Blumenkohlteile den gewünschten Biss haben. Vor dem Servieren mit dem gehackten Basilikum überstreuen.

Tipp:
Unter das Gemüse können auch angebratene Schinkenstreifen gemischt werden.

Gebratener Chinakohl

2 EL Erdnussöl
600 g Chinakohl, dicke Stiele entfernen,
Blätter in mundgerechte Teile schneiden
250 g Pak-Choy oder Mangold
4 Frühlingszwiebeln, in groben Stücken
2 EL Sojasauce
2 TL Sesamöl
1 EL angeröstete Sesamkörner

Vorbereitungszeit: 15 min.
Zubereitungszeit: 10 min.

Das Öl im Wok erhitzen, Chinakohl darin andünsten, bis er beginnt weich zu werden, dann Pak-Choy oder Mangold dazugeben und beides unter ständigem Wenden braten, bis das Gemüse gerade weich genug ist. Frühlingszwiebeln, Sojasauce und Sesamöl beifügen und weiter wenden, bis alle Zutaten heiß sind. Zum Schluss mit den gerösteten Sesamkörnchen überstreuen.

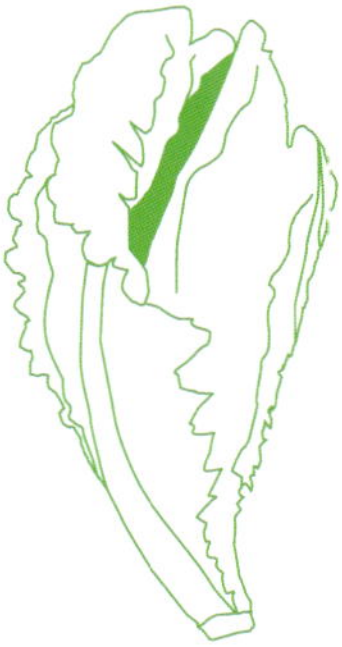

Hoisin-Gemüse

500 g frische mittelbreite Reisnudeln (vakuumverpackt)
2 EL Erdnussöl
2 geschlagene Eier
2 TL Sesamöl
1 mittelgroße Karotte, in dünnen Stiften
1 mittelgroße rote Paprikaschote, in dünnen Streifen
80 g Bohnensprossen
200 g Chinakohl, grob geschnitten
4 Frühlingszwiebeln, in feinen Streifen
60 ml Hoisinsauce
1 EL Sojasauce
2 TL Sambal Oelek

Vorbereitungszeit: 20 min.
Zubereitungszeit: 25 min.

Die Nudeln kurz in heißes Wasser tauchen, abgießen. Mit einer Gabel lockern. Den Wok mit etwas Erdnussöl auspinseln, die geschlagenen Eier darin verlaufen lassen, so dass der Boden dünn bedeckt ist. Zudecken und 3 Minuten braten, bis die Eimasse fest geworden ist. Dieses Omelett vorsichtig rollen und in dünne Streifen schneiden. Im Wok das Sesamöl erhitzen und die Karottenstreifen darin braten, bis sie durch sind. Paprikastreifen, Bohnensprossen, Chinakohl und Frühlingszwiebeln hinzufügen und weiter brutzeln, bis alles zart ist. Gemüse aus dem Wok nehmen und warmstellen. Das restliche Erdnussöl im Wok erhitzen, die Nudeln mit Saucen und Sambal Oelek unter Rühren heiß werden lassen. Das Gemüse zurück in den Wok geben und alles mischen, bis es durch und durch heiß ist. Die Omelettstreifen vor dem Servieren darüber streuen. Statt der frischen Reisnudeln können auch getrocknete verwendet werden. Sie müssen vor der weiteren Verwendung entsprechend der Kochanleitung zubereitet werden.

Pfeffer-Rahm-Gemüse

1 EL Olivenöl
2 Zwiebeln, in Scheiben
2 Karotten, in Scheiben
4 Baby-Auberginen, in Scheiben
1 Knoblauchzehe, gepresst
200 g kleine Champignons, halbiert
2 Zucchini, in Scheiben
1 rote Paprikaschote, in Streifen
125 ml Wasser
125 ml Rahm
1 Gemüse-Brühwürfel
2 EL zerstoßener schwarzer Pfeffer

Vorbereitungszeit: 20 min.
Zubereitungszeit: 15 min.

Das Öl im Wok erhitzen und alles Gemüse bei mittlerer Hitze darin dünsten, bis es gar ist, aber noch etwas Biss hat; auf einer Servierplatte, die noch Platz für die Sauce hat, warmstellen. Rasch die restlichen Zutaten in den Wok geben und kurz kochen lassen, bis die Sauce andickt, dann zusammen mit dem Gemüse auf der Platte servieren.

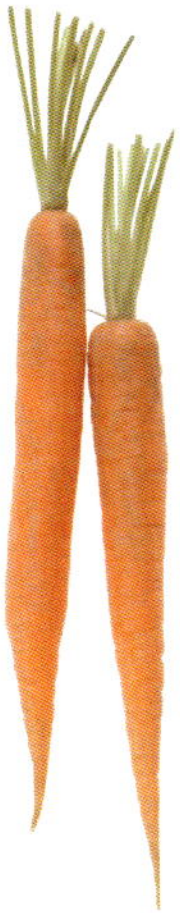

Kokos-Curry-Gemüse

250 g Kartoffeln, in dickeren Scheiben
2 EL Butterschmalz
2 TL Kreuzkümmel, gemahlen
1 TL Korianderkörner, gemahlen
1 rote Chili, entkernt und fein gehackt
2 TL Kurkuma, gemahlen
1 große Zwiebel, in Scheiben
2 Karotten, in Scheiben
200 g Brokkoliröschen
200 g Blumenkohlröschen
200 g grüne Bohnen, in Stücken
2 Knoblauchzehen, zerdrückt
200 ml Kokosnusscreme

Vorbereitungszeit: 25 min.
Zubereitungszeit: 20 min.

Kartoffelscheiben in der Mikrowelle oder in Salzwasser vorgaren. Butterschmalz im Wok erhitzen, Gewürze darin schwenken, bis sie anfangen zu duften, dann die Zwiebel hinzufügen und anbraten. Karotten, Brokkoli, Blumenkohl und Bohnen dazugeben und mehr dünsten als braten, bis sie den gewünschten Garpunkt erreicht haben. Knoblauch, Kartoffeln und Kokoscreme unterheben und bei sanfter Hitze alles mischen, bis es durch und durch heiß ist.

Info:
Kurkuma ist in Südostasien heimisch. Ein Sud aus Kurkuma gilt als verdauungsfördernd und ist hilfreich bei Magen- und Nierenkrankheiten.

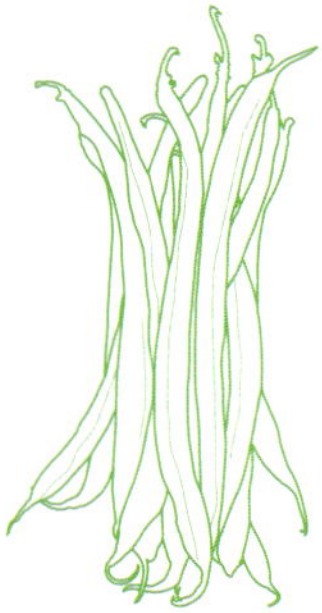

Linsen-Kürbis-Spinat-Curry

1 Tasse rote Linsen
500 g Kürbis, geschält, gewürfelt
1 EL Erdnussöl
1 EL frischer Ingwer, gerieben
1 weiße Zwiebel, in Scheiben
2 Knoblauchzehen, gepresst
1 EL dunkle Senfkörner
50 g rote Curry-Paste (siehe Gewürzmischungen auf Seite 8)
300 ml Kokosnusscreme
300 g junge Spinatblätter
1 EL frische Korianderblätter, gehackt

Vorbereitungszeit: 20 min.
Zubereitungszeit: 10 min.

Linsen in einem Topf mit Salzwasser kurz kochen, bis sie weich sind. Achtung: Diese kleinen Linsen sind sehr schnell durch! Kürbiswürfel in der Mikrowelle oder über Dampf kurz garen; sie sollen noch Biss haben. Öl im Wok erhitzen, Ingwer, Zwiebel und Knoblauch darin hellbraun werden lassen. Senfkörner und Curry-Paste mitbraten, bis sie duften. Linsen, Kürbis und Kokoscreme dazugeben und weiter erhitzen, bis die Sauce kocht, dann Spinat und Koriandergrün unterheben und köcheln lassen, bis der Spinat weich ist.

Pilz-Curry

1 EL Erdnussöl
1 EL frischer Ingwer, gerieben
2 TL dunkle Senfkörner, gemahlen
2 TL Korianderkörner, gemahlen
2 TL Kümmelkörner, gemahlen
1/2 TL Kurkuma, gemahlen
200 ml Kokosnusscreme
2 Knoblauchzehen, gepresst
500 g frische Steinpilze (oder andere feste Pilze), geputzt und in nicht zu dünne Scheiben geschnitten
1 EL frische Korianderblätter

Vorbereitungszeit: 30 min.
(einschließlich Pilzeputzen)
Zubereitungszeit: 5 min.

Öl im Wok erhitzen, Ingwer, Körnerpulver und Kurkuma darin rösten, bis sie duften – ca. 1 Minute. Die Hälfte der Kokoscreme und Knoblauch hinzufügen, zum Kochen bringen und kochen, bis sie anfängt einzudicken. Dann die restliche Kokoscreme und die Pilze dazugeben und etwa 4 Minuten weiter köcheln, bis die Pilze den gewünschten Garpunkt erreicht haben. Vor dem Servieren mit Koriandergrün bestreuen.

Spargel-Rucola-Pfanne

2 EL Olivenöl
500 g grüner Spargel, in Stücke gebrochen
1 rote Paprikaschote, in Streifen
2 Knoblauchzehen, in dünnen Scheiben
2 EL Balsamicoessig
2 EL Tomatenmark
1 EL Wasser
100 g Rucola

Vorbereitungszeit: 10 min.
Zubereitungszeit: 15 min.

Öl im Wok erhitzen, Spargelstücke, Paprikaschote und Knoblauch bei mittlerer Hitze darin braten, bis der Spargel beinahe gar ist. Balsamico, Tomatenmark und Wasser vermischen, über das Gemüse gießen; unter behutsamem Wenden dünsten, bis der Spargel den gewünschten Garpunkt erreicht hat. Dann die Rucolablätter unterheben und kurz ziehen lassen, bis die Blätter anfangen weich zu werden.

Mais mit dicken Bohnen

etwa 300 g dicke Bohnen (frisch oder tiefgefroren)
2 EL Olivenöl
1 Zwiebel, fein geschnitten
100 g gekochter Schinken, in kleinen Würfeln
2 rote Paprikaschoten, in kleinen Stücken
2 Tassen frische Maiskörner
60 ml Schlagsahne

Vorbereitungszeit: 10 min.
Zubereitungszeit: 10 min.

Dicke Bohnen kurz in Salzwasser kochen, abgießen. Öl im Wok erhitzen, Zwiebel, Schinken, Paprikastückchen und Maiskörner etwa 5 Minuten braten. Die Bohnen und die Sahne hinzufügen, untermischen und durch und durch heiß werden lassen.

Gemischte Zwiebeln in Balsamico

1 Knolle Knoblauch
50 g Butter
2 EL Olivenöl
12 Schalotten, geschält
6 kleine weiße Zwiebeln, geschält und halbiert
1 TL Zucker
6 Frühlingszwiebeln, halbiert und in Stücke geschnitten
2 EL Balsamicoessig

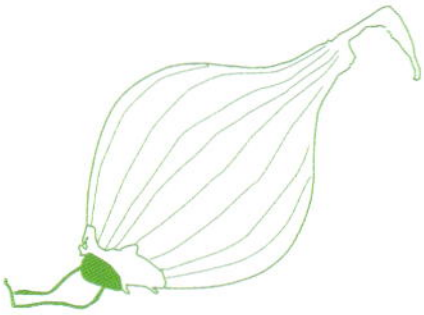

Vorbereitungszeit: 15 min.
Zubereitungszeit: 35 min.

Den Knoblauch in Zehen zerteilen, schälen. Butter und Öl im Wok erhitzen, Knoblauch, Schalotten und kleine Zwiebeln unter Rühren etwa 30 Minuten braten, bis sie braun und durch sind, Zucker hinzufügen. Zuletzt die Frühlingszwiebeln kurz mitbraten. Mit Balsamico überträufeln und sofort servieren.

Tipp:
Diese Zwiebelmischung kann man mit Reis oder Nudeln (beispielsweise Penne) servieren; aber auch zu gegrilltem Fleisch passt sie vorzüglich.

Zuckerschoten mit Walnüssen

60 g Butter
50 g Walnüsse, gehackt
2 EL Zitronensaft
1 EL brauner Zucker
1 EL schwarzer Pfeffer, zerstoßen
500 g Zuckerschoten

Vorbereitungszeit: 10 min.
Zubereitungszeit: 15 min.

Butter im Wok erhitzen. Walnüsse anrösten und zur Seite stellen. Restliche Zutaten im Wok unter ständigem Wenden dünsten, bis die Zuckerschoten den gewünschten Biss haben. Vor dem Servieren mit den gerösteten Nüssen überstreuen.

Tipp:
Zuckerschoten sind reich an Vitaminen und Mineralstoffen. Um die zu erhalten, ist die Verwendung des Woks die beste Zubereitungsmethode.

Mangold-Pfanne

500 g Mangold
2 EL Butterschmalz
1 Zwiebel, halbiert, in Scheiben
3 Knoblauchzehen, zerdrückt
1 EL frischer Ingwer, gerieben
1 EL grüne Curry-Paste (siehe Gewürzmischungen auf Seite 8)
150 g rote Linsen
1 kleine Dose geschälte Tomaten, zerkleinert, mit Saft
100 ml Gemüsebrühe (evtl. Brühwürfel)
1 EL Zitronensaft

Vorbereitungszeit: 10 min.
Zubereitungszeit: 20 min.

Die harten Rippen aus dem Mangold entfernen, die Blätter grob hacken. Butterschmalz im Wok erhitzen, Zwiebel, Knoblauch und Ingwer darin anschwitzen, bis die Zwiebel weich ist, dann Curry-Paste unterrühren und kurz mitkochen. Linsen, Tomaten und Brühe dazugeben und zugedeckt sanft kochen lassen, bis die Linsen fast weich sind; hin und wieder umrühren. Zum Schluss Mangold und Zitronensaft unterheben und weiter köcheln, bis Gemüse und Linsen den gewünschten Garpunkt erreicht haben.

Gemüse-Nudeln mit Tofu

200 g dünne Reisnudeln
2 EL Erdnussöl
150 g Tofu, in Würfeln
1 EL frischer Ingwer, gerieben
2 Karotten, in Stifte geschnitten
1 rote Paprikaschote, in Streifen
2 Knoblauchzehen, zerdrückt
200 g junge Spinatblätter
1 EL Maismehl
1 EL brauner Zucker
80 ml Sojasauce
2 EL Reiswein

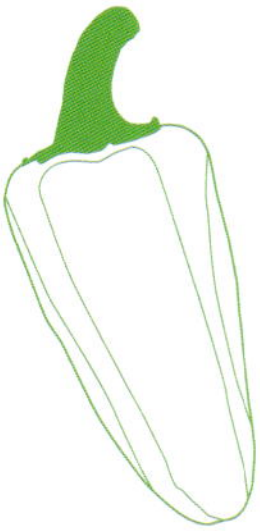

Vorbereitungszeit: 15 min.
Zubereitungszeit: 15 min.

Die Nudeln mit kochendem Wasser einweichen, bis sie die richtige Konsistenz erreicht haben; zur Seite stellen. 1 EL Öl im Wok erhitzen, Tofuwürfel darin anbraten, bis sie hellbraun sind; warmstellen. Das restliche Öl erhitzen, Ingwer, Karotten und Paprika darin braten, bis sie weich sind, aber noch Biss haben, dann Knoblauch und Spinat kurz mitbraten. Maismehl, Zucker, Sojasauce und Reiswein vermischen, über das Gemüse geben und zum Kochen bringen, bis die Sauce angedickt ist. Nudeln und Tofu unterheben und mit erhitzen.

Zuckerschoten mit Tofu und Pistazien

2 EL Erdnussöl
300 g Tofu, in Würfeln
100 g Pistazienkerne
1 EL Butter
2 Knoblauchzehen, in feinen Scheiben
2 rote Chilis, entkernt, gehackt
1 EL frischer Ingwer, gerieben
300 g Zuckerschoten
1 kleine Dose Borlottibohnen
40 ml süße Chilisauce

Vorbereitungszeit: 10 min.
Zubereitungszeit: 15 min.

1 EL Öl im Wok erhitzen, Tofu und Pistazien darin anbraten, bis der Tofu goldbraun ist; warmstellen. Restliches Öl und Butter erhitzen, Knoblauch, Chili und Ingwer anbraten, bis sie duften. Dann Zuckerschoten bei sanfter Hitze darin garen. Abgegossene Bohnen, Tofu und Pistazien mit der Chilisauce hinzufügen und noch einmal erhitzen.

Tipp:
Borlottibohnen, die aus der italienischen Küche stammen, sind sehr zart und schmecken charakteristisch nach Kastanien.

Fisch und Fleisch

Riesengarnelen mit Senfkörnern

16 große ungekochte Riesengarnelen (ohne Kopf), geschält
1/2 TL Kurkuma
2 rote Chilis, entkernt und fein gehackt
2 EL Pflanzenöl
2 TL dunkle Senfkörner
2 Knoblauchzehen, zerdrückt
2 EL frische Korianderblätter, grob gehackt

Vorbereitungszeit: 10 min.
Zubereitungszeit: 5 min.

Die Garnelenschwänze mit Kurkuma und Chili einreiben. Öl im Wok erhitzen, Senfsamen und Knoblauch anbraten, bis die Samen springen. Die Garnelen in den Wok geben und braten, bis sie rosa und nicht mehr durchsichtig sind. Koriandergrün darüber streuen. Wer es besonders scharf mag, sollte die Chilis samt den Kernen verwenden.

Pfeffergarnelen mit Lauch

1 mittelgroße Stange Lauch
500 g Riesengarnelen, tiefgefroren (Auftauzeit beachten)
2 EL Erdnussöl
1 Knoblauchzehe, gehackt
1 EL Fischsauce (Nuoc mam)
2 EL Wasser
1 TL brauner Zucker
1 TL schwarzer Pfeffer, zerdrückt
1 EL Petersilie, gehackt

Auftauzeit: ca. 3 Std.
Vorbereitungszeit: 10 min.
Zubereitungszeit: 5 min.

Den Lauch halbieren, gut waschen, in etwa 2 bis 3 cm lange Stücke schneiden. In kochendem Salzwasser blanchieren, bis er anfängt weich zu werden, abgießen, warmstellen. Garnelen schälen, Schwänzchen dran lassen. Öl im Wok erhitzen, Garnelen mit Knoblauch etwa 2 Minuten anbraten. Sauce, Wasser, Zucker und Pfeffer hinzufügen und weiterrühren, bis die Garnelen gar sind. Garnelen auf dem Lauch anrichten, mit dem Fond aus dem Wok überträufeln und mit Petersilie bestreuen.

Tipp:
Anstatt der Fischsauce können Sie auch Sojasauce verwenden.

Garnelen nach Kantonart

2 EL Erdnussöl
2 Knoblauchzehen, zerdrückt
400 g geschälte Garnelen
100 g Schinken, in feinen Streifen
2 EL frischer Ingwer, gerieben
2 geschlagene Eier
2 Frühlingszwiebeln, in Streifen

Für die Saucenmischung:
1 EL Reiswein
1 EL Sojasauce
1 TL Zucker
250 g Fleischbrühe
1 EL Maismehl

Vorbereitungszeit: 10 min.
Zubereitungszeit: 10 min.

1 EL Öl im Wok erhitzen, den Knoblauch darin kurz andünsten, Garnelen dazugeben und 4 bis 5 Minuten bei mittlerer Hitze braten, auf einer Servierplatte anrichten und warmstellen. Das restliche Öl erhitzen, Schinken mit Ingwer darin anbraten, dann die Saucenmischung darüber gießen und etwa 2 Minuten kochen. Die geschlagenen Eier dazugeben und ohne zu rühren stocken lassen. Die Mischung auf den Garnelen anrichten und mit Frühlingszwiebeln garnieren.

Meeresfrüchte mit Basilikum

8 große Miesmuscheln
150 g Tintenfischtuben
200 g festfleischiger Fisch (Rotbarsch, Kabeljau oder Ähnliches)
2 Knoblauchzehen, gepresst
1 getrocknete Chilischote, fein gehackt
1 EL Korianderblätter, gehackt
2 EL Öl
250 g Riesengarnelen, ohne Kopf, geschält
2 EL Austernsauce (kann auch wegbleiben)
2 EL Fischsauce (Nuoc mam)
1 große rote Paprikaschote, in dünnen Streifen
8 Frühlingszwiebeln, in Streifen
1/3 Tasse frisches Basilikum, grob zerkleinert

Vorbereitungszeit: 20 min.
Zubereitungszeit: 10 min.

Die Muscheln schrubben und dabei die Bärte entfernen. Tintenfischtuben in 4 cm große Quadrate schneiden und mit einem scharfen Messer eng rautenförmig einschneiden. Fisch in mundgerechte Würfel zerteilen. Knoblauch, Chili und Korianderblätter zu einer Paste verarbeiten. Öl im Wok erhitzen, Paste darin etwa 1 Minute anbraten. Fisch und Meeresfrüchte dazugeben und etwa 4 Minuten braten, bis die Muscheln sich geöffnet haben und die Garnelen und Fischstücke nicht mehr glasig sind. Saucen, Paprikastreifen und Frühlingszwiebeln dazugeben und noch etwa 4 Minuten weiterrühren, zum Schluss Basilikum unterheben und noch sehr kurz ziehen lassen.

Fisch-Curry

800 g Fischfilets
1 EL Pflanzenöl
3 weiße Zwiebeln (ca. 400 g), in dünnen Scheiben
2 Knoblauchzehen, gepresst
1 EL frischer Ingwer, gerieben
1 rote Chili, entkernt und fein gehackt
1 TL Kreuzkümmel, gemahlen
1 TL milder Paprika
2 TL Kurkuma
1 große Dose geschälte Tomaten
60 ml Kokoscreme
2 EL frische Korianderblätter, grob gehackt
2 EL frische Minze, grob gehackt

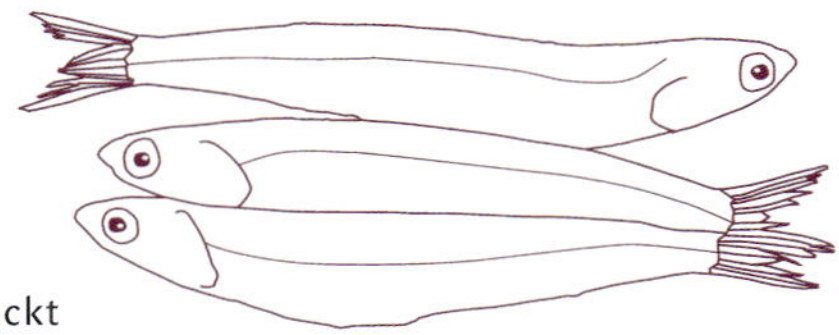

Vorbereitungszeit: 15 min.
Zubereitungszeit: 30 min.

Den Fisch in Würfel schneiden. Das Öl im Wok erhitzen, Zwiebeln, Knoblauch, Ingwer, Chili und Gewürze unter Wenden braten, bis die Zwiebelscheiben weich sind. Die geschälten Tomaten mit dem Saft dazugießen und bei geringer Hitze etwa 10 Minuten köcheln lassen, bis die Sauce leicht eindickt. Kokoscreme und Fischstücke dazugeben, zum Kochen bringen und ohne Deckel etwa weitere 8 Minuten durchziehen lassen, bis der Fisch gar ist. Zum Schluss Koriandergrün und Minze unterheben.

Tipp:
Am besten serviert man zum Fisch-Curry frisch gebackenes Naan – dies ist ein indisches Hefebrot (siehe Rezept auf Seite 38).

Naan

etwa 500 g Mehl
7 g Trockenhefe
175 ml warme Milch
2 TL Zucker
1 TL Backpulver
1 Becher Joghurt
1/2 TL Kreuzkümmel
2 EL geschmolzenes Butterschmalz
2 TL Salz

Vorbereitungszeit: 90 min.
Zubereitungszeit: 10 min.

Das Mehl in eine angewärmte Schüssel geben und in der Mitte eine kleine Mulde bilden. Hefe, etwa die Hälfte der warmen Milch und des Zuckers in der Mulde mit etwas Mehl und dem Backpulver zu einem weichen Brei vermischen. Mit einem Tuch abdecken und warmstellen, bis der Brei Bläschen zeigt (etwa 10 Minuten), dann mit den restlichen Zutaten vermischen und den Teig gründlich kneten, bis er glatt und elastisch ist, evtl. in der Küchenmaschine mit dem Knethaken. Wieder zudecken und etwa 1 Stunde warmstellen, bis der Teig etwa das doppelte Volumen erreicht hat. Noch einmal auf einem bemehlten Brett gut durchkneten. Den Teig in Portionen teilen, diese zu Kugeln formen, zudecken und wieder für etwa 10 Minuten warmstellen. Die Kugeln zu runden oder länglichen Fladen ausrollen. Backblech mit Öl bepinseln oder mit Backpapier auslegen und leer in den Ofen schieben. Backofen auf etwa 230 Grad vorheizen. Brote auf das heiße Blech geben und etwa 8 Minuten backen, bis sie braun und knusprig sind.

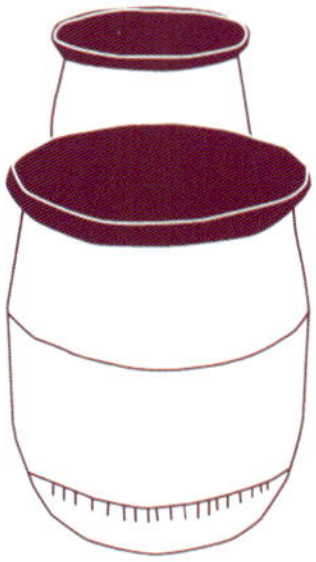

Tipp:
Man kann die Fladen auch vor dem Backen mit Joghurt bestreichen und mit angerösteten Sesamkörnern oder Mohnsamen bestreuen.

Salz-und-Pfeffer-Sepia

500 g Sepiataschen
100 g Mehl
2 EL Salz
2 EL schwarzer Pfeffer, gemahlen
Pflanzenöl zum Frittieren
150 g Rucola oder Feldsalat

Für das Chili-Dressing:
125 ml süße Chilisauce
1 TL Fischsauce (Nuoc mam)
60 ml Zitronensaft
1 Knoblauchzehe, gepresst

Vorbereitungszeit: 10 min.
Zubereitungszeit: 10 min.

Die Sepiataschen der Länge nach teilen und in etwa 2 cm breite Streifen schneiden. Mehl, Salz und Pfeffer in einer Schüssel gut vermischen und die Sepiastreifen darin wälzen, bis sie rundum damit bedeckt sind. Überschüssiges Mehl abschütteln. Etwa 2 cm hoch Pflanzenöl im Wok erhitzen. Das Öl ist heiß genug, wenn man einen Kochlöffelstiel eintaucht und sofort Bläschen aufsteigen. Die Sepiastreifen darin frittieren, bis sie gar und goldbraun sind – auf Küchenpapier abtropfen lassen.

Dressing für den Salat:
Saucen, Zitronensaft und Knoblauch sehr gut vermischen. Die Salatblätter auf einer Platte verteilen, mit dem Dressing übergießen und darauf die Sepiastücke anrichten.

Tipp:
Mit Weißbrot serviert ist das eine ausgezeichnete Vorspeise für drei bis vier Personen, mit Reis reicht die Menge als Hauptgericht.

Fisch in Kokos-Chili-Sauce

600 g festfleischiger Fisch
(Rotbarsch, Kabeljau, Thun- oder Schwertfisch)
etwas Mehl
2 EL Erdnussöl
1 Zwiebel, fein geschnitten
3 Knoblauchzehen, gehackt
3 Kaffirlimetten-Blätter, fein zerhackt
2 getrocknete rote Chilis, entkernt und gehackt
1 kleine Dose Kokoscreme
2 EL Sojasauce
2 EL Zitronensaft

Vorbereitungszeit: 10 min.
Zubereitungszeit: 12 min.

Den Fisch in breite Streifen schneiden und in Mehl wälzen, überschüssiges Mehl abschütteln. 1 EL Öl im Wok erhitzen, Zwiebel sanft braten, bis sie weich ist; Knoblauch, Kaffirlimettenblätter und Chili kurz mit schwenken. Zur Seite schieben. Restliches Öl erhitzen, die Fischstreifen darin goldbraun an-, aber nicht durchbraten, Kokoscreme, Sojasauce und Zitronensaft dazugeben, zur Seite geschobene Gewürze untermischen und alles unter vorsichtigem Wenden ziehen lassen, bis der Fisch gar ist.

Fischkoteletts mit roter Currypaste

4 Fischkoteletts (Snapper, Kabeljau, Hecht oder Ähnliches)
etwas Mehl
2 EL Öl
2-3 EL rote Curry-Paste (siehe Gewürzmischungen auf Seite 8)
1/2 Tasse Kokosmilch (Dose)
1 EL Koriandergrün, gehackt

Vorbereitungszeit: 5 min.
Zubereitungszeit: 15 min.

Den Fisch waschen, mit Küchenpapier abtupfen und in Mehl wenden, überschüssiges Mehl abschütteln. Öl im Wok erhitzen, Fisch von beiden Seiten goldgelb braten, warmstellen. Currypaste im Wok rühren, bis sie duftet, Kokosmilch dazugeben, zum Kochen bringen und ohne Deckel köcheln lassen, bis die Sauce etwas eingedickt ist. Fisch auf einer vorgewärmten Platte anrichten und die Sauce darauf verteilen. Mit Koriandergrün bestreuen.

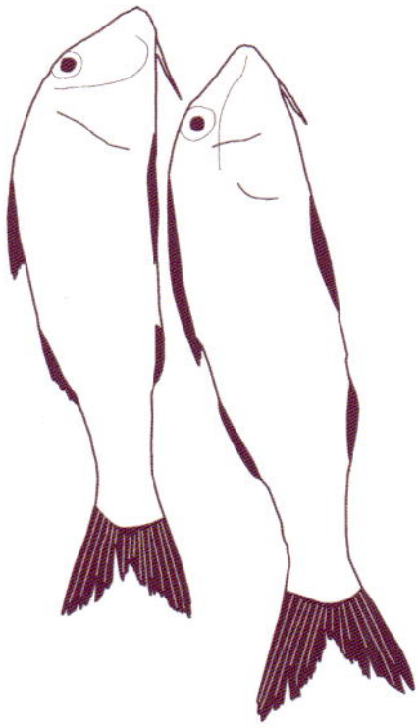

Tipp:
Das Fleisch des Snapper ist besonders zu empfehlen, da es fest, weiß und mager ist. Der Fisch ist wunderbar für alle Garmethoden geeignet.

Hähnchenfilet mit Zucchini und Nudeln

150 g Glasnudeln
2 EL Erdnussöl
500 g Hähnchenfilet, in Scheiben
ca. 250 g Zucchini, in Scheiben
1 Zwiebel, in Scheiben
2 Knoblauchzehen, zerdrückt
ca. 100 g Bohnensprossen
2 EL vietnamesische Fischsauce (Nuoc mam)
2 EL Sojasauce
2 TL Zitronensaft
1 EL Wasser
1 EL Mehl
2 EL frisches Basilikum, grob geschnitten

Vorbereitungszeit: 15 min.
Zubereitungszeit: 15 min.

Die Nudeln in einem feuerfesten Gefäß mit kochendem Wasser übergießen, 5 Minuten ziehen lassen, abgießen und in Stücke schneiden. Die Hälfte des Öls im Wok erhitzen, die Fleischscheiben rasch darin anbraten, bis sie von allen Seiten braun sind – auf Küchenpapier zur Seite stellen. Den Rest des Öls im Wok erhitzen, Zucchini und Zwiebelscheiben bei sanfter Hitze darin dünsten, bis sie den gewünschten Biss haben, Knoblauch etwa eine Minute mitdünsten. Fleisch zurück in den Wok geben, Nudeln, Bohnensprossen, Saucen, Zitronensaft und Wasser hinzufügen, mit Mehl überstäuben. Das Ganze bei kräftiger Hitze so lange wenden, bis die Flüssigkeit etwas eingedickt ist. Vor dem Servieren mit Basilikum bestreuen.

Knoblauchhähnchen mit Pak-Choy

600 g Hähnchenbrustfilets, in Streifen
75 g Mehl
2 EL Erdnussöl
6 Knoblauchzehen, zerdrückt
1 rote Paprikaschote, in Streifen
6 Frühlingszwiebeln, in feinen Streifen
125 ml Hühnerbrühe (evtl. Fond aus dem Glas)
2 EL Sojasauce
500 g Pak-Choy, grob zerkleinert

Vorbereitungszeit: 15 min.
Zubereitungszeit: 15 min.

Fleischstreifen in Mehl wälzen, überschüssiges Mehl abschütteln. Öl im Wok erhitzen, Fleisch darin braten, bis es rundum braun und gar ist. Das gebratene Hühnerfleisch aus dem Wok nehmen und zur Seite stellen. Knoblauch, Paprika- und Zwiebelstreifen im Wok anbraten, bis der Paprika zart genug ist. Fleisch, Brühe und Sojasauce dazugeben und weiter braten, bis die Sauce leicht andickt. Erst dann den Pak-Choy untermischen und mitkochen lassen, bis er gerade weich wird – er sollte noch etwas Biss haben.

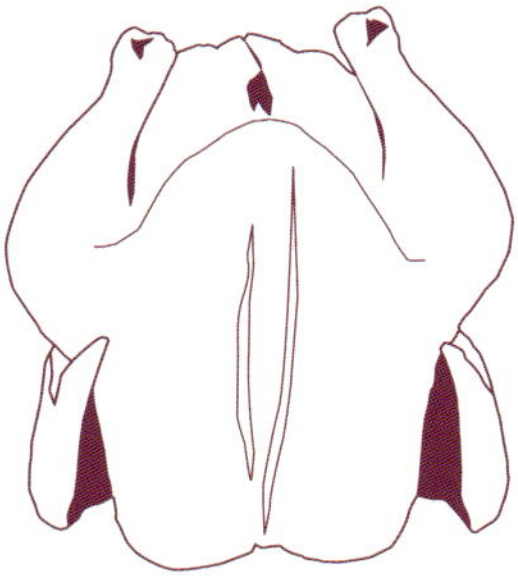

Gedämpfte Hähnchenbrust mit Zitrone

12 Kaffirlimetten-Blätter (gibt es frisch in Chinaläden), sehr fein gehackt
80 ml Zitronensaft
2 TL frischer Ingwer, gerieben
4 Hähnchenbrustfilets
400 g chinesischer Brokkoli, in groben Streifen (wenn kein chinesischer Brokkoli zu haben ist, Spinatblätter oder Mangoldblätter verwenden)

Für den Soja-Knoblauch-Dipp:
2 EL Sojasauce
2 EL Reiswein oder trockener Sherry
2 EL milde Chilisauce
1 TL brauner Zucker
1 Knoblauchzehe, gepresst
1 EL Koriandergrün, grob gehackt

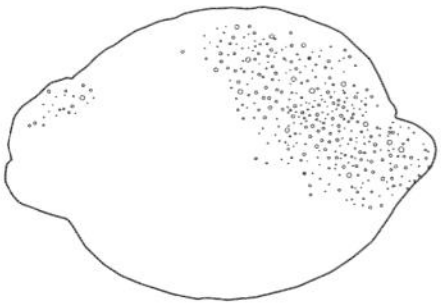

Vorbereitungszeit: 20 min.
Zubereitungszeit: 25 min.

Kaffirlimettenblätter, Zitronensaft und Ingwer in einem Schüsselchen gut vermischen. Die Filets einzeln auf ein ausreichend großes Stück Alufolie legen und mit der Limettenmischung einreiben. Die Folie locker über dem Fleisch schließen. Die Päckchen in einen großen Bambusdämpfer oder auf ein Dämpfgitter legen, etwa zwei Finger hoch Wasser in den Wok füllen, den Dämpfer darüber stellen, zudecken und das Fleisch über dem kochenden Wasser etwa 15 Minuten dämpfen, bis es gar ist. Falls das Wasser verdunstet ist, nachfüllen. Erst kurz vor dem Servieren Brokkoli in den Dämpfer geben und zugedeckt mitdämpfen, bis er gerade weich wird. In der Zwischenzeit die Zutaten zum Dipp gut vermischen und dann zu den Hühnchenfilets servieren.

Chilihuhn mit Kokosnusscreme

2 EL Erdnussöl
1 Zwiebel, fein geschnitten
2 EL frische rote Chilis, entkernt und fein gehackt
500 g Hähnchenbrust, in Streifen
2 EL frisches Basilikum, grob gehackt
2 EL Nuoc mam oder Sojasauce
1 TL Zucker
1 Tasse Kokoscreme

Vorbereitungszeit: 10 min.
Zubereitungszeit: 15 min.

Das Öl im Wok erhitzen, Zwiebel und Chilis darin anbraten, bis die Zwiebel weich ist. Fleisch dazugeben und braten, bis es fast gar ist, dann mit Basilikum, Nuoc mam und Zucker etwa 1 Minute weiter dünsten. Zum Schluss Kokoscreme unterrühren und alles gut erhitzen.

Tipp:
Anstatt der vietnamesischen Fischsauce (Nuoc mam) können Sie auch Sojasauce verwenden.

Hähnchenbrust mit Pak-Choy und Wasserkastanien

4 Hähnchenbrustfilets
2 EL Öl
ca. 1 TL Chiliflocken (gibt es beispielsweise in türkischen Geschäften)
Salz
2 EL Joghurt
1 TL rote Curry-Paste (siehe Gewürzmischungen auf Seite 8)
1/2 TL Honig oder 1 Teelöffel süße Sojasauce
ca. 2 EL Kokosflocken
4 kleine Bündel Pak-Choy, grob geschnitten
1 kleine Dose Wasserkastanien, abgetropft, halbiert
1/2 TL Sesamöl

Vorbereitungszeit: 15 min.
Zubereitungszeit: 15 min.

Die Filets mit wenig Öl, Chiliflocken und Salz einreiben, im Kühlschrank mindestens 1/2 Stunde ziehen lassen. Joghurt mit Curry-Paste und Honig bzw. Sojasauce vermischen. Fleisch von beiden Seiten mit der Joghurtmischung bestreichen und in Kokosflocken wälzen. Öl im Wok erhitzen und die Filets darin knusprig braten; warmstellen. Im Wok rasch Pak-Choy und Wasserkastanien mit Sesamöl braten, bis der Kohl weich ist, aber noch Biss hat. Mit den Hähnchenbrustfilets servieren.

Tipp:
Am besten passt dazu Basmatireis, der mit Safran und etwas Kreuzkümmel abgeschmeckt ist.

Knusprige Ente mit Portwein-Feigen

200 g getrocknete Feigen
125 ml Portwein
2 EL brauner Zucker
500 g Entenbrustfilet
50 g Maismehl
1 EL Erdnussöl
1 weiße Zwiebel, in dünnen Scheiben
2 Knoblauchzehen, zerdrückt
1 EL frische Thymianblättchen
80 g Bohnensprossen
100 g Brunnenkresse

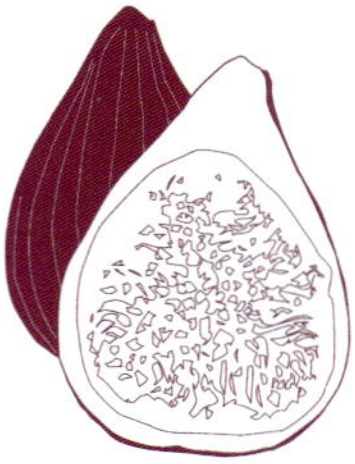

Vorbereitungszeit: 15 min.
Zubereitungszeit: 15 min.

Die Feigen halbieren und mit Portwein und Zucker möglichst über Nacht ziehen lassen. Entenbrustfilets quer in breite Streifen schneiden, in Maismehl wälzen, überschüssiges Mehl abschütteln. Öl im Wok erhitzen und die Entenbruststücke darin braten, bis sie gar und knusprig sind. Auf einem Stück Küchenpapier warmhalten. Zwiebel im Wok braten, bis sie weich ist, Knoblauch kurz mitbraten. Feigen samt Portwein untermischen und erhitzen, bis die Sauce kocht. Ente unterheben und mit Thymian, Bohnensprossen und Brunnenkresse garniert servieren.

Entenbrust Sumatra

2 Zwiebeln
2 Knoblauchzehen, geschält
20 g frischer Ingwer, geschält
2 Stängel Zitronengras, in Stücken
1 EL Erdnussöl
ca. 800 g Entenbrust, in mundgerechten Stücken
1 Zimtstange
2 Gewürznelken
1 EL Korianderkörner, gemahlen
1 EL Kreuzkümmel, gemahlen
1/2 Tasse Kokosflocken
1/2 Tasse Kokoscreme

Vorbereitungszeit: 20 min.
Zubereitungszeit: 15 min.

Eine Zwiebel vierteln und mit Knoblauch, Ingwer und Zitronengras in der Küchenmaschine oder mit einem Handmixer verarbeiten, bis eine gleichmäßige Paste entsteht. Die zweite Zwiebel in feine Scheiben schneiden. Öl im Wok erhitzen und das Fleisch mit den Zwiebelscheiben braten, bis beides rundum braun ist. Zur Seite stellen. Die Gewürzmischung mit den restlichen Gewürzen und den Kokosflocken im Wok anbraten, bis alles duftet. Das Fleisch mit den Zwiebelscheiben und die Kokoscreme hinzufügen und wenden, bis alles durch und durch heiß ist. Zimtstange und Nelken herausfischen. Nach diesem Rezept kann auch Rindsfilet oder Hähnchenbrust zubereitet werden.

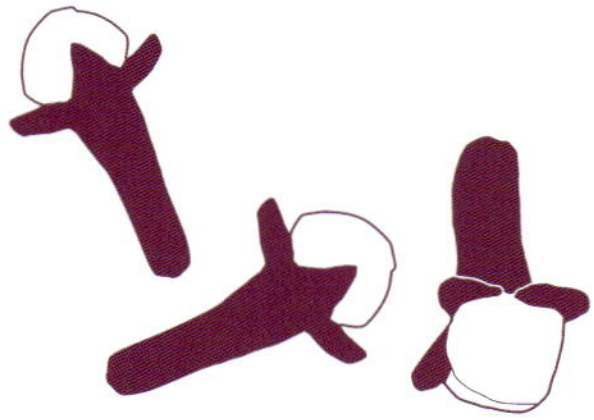

Putenbrust Szechuanart

500 g Putenbrust, in Würfeln
1 EL Maismehl
1 EL dunkle Sojasauce
3 EL Erdnussöl
2 frische rote Chilis, in Streifen
1 grüne Paprikaschote, in Stücken
2 Knoblauchzehen, zerdrückt
1 EL Petersilie, grob gehackt
2 EL Reiswein oder trockener Sherry
1 TL Sesamöl

Für die Sauce:
2 EL Sojasauce
1 Prise Salz
1 TL Zucker
1 Prise Cayennepfeffer
1 TL Balsamicoessig
1 TL Stärkemehl
2 EL Wasser

Vorbereitungszeit: 15 min.
Zubereitungszeit: 15 min.

Das Putenfleisch mit Maismehl und dunkler Sojasauce vermischen und mindestens 1/2 Stunde kaltstellen. Dann die Saucenzutaten mischen und bereitstellen. Anschließend 2 EL Erdnussöl im Wok erhitzen und die Fleischwürfel bei starker Hitze etwa 3 Minuten braten, zur Seite stellen. Chilis im Wok kurz braten, zum Fleisch geben. Mit dem restlichen Öl Paprikaschote und Knoblauch bei mäßiger Hitze braten, Fleisch, Chilis und Petersilie hinzufügen und mit Reiswein ablöschen. Die Saucenmixtur darüber gießen, mit Sesamöl parfümieren und noch etwa 1 Minute durch und durch erhitzen.

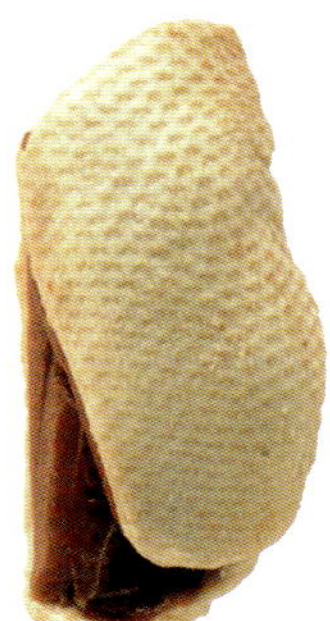

Kaninchen mit Rosmarin

1 kleines Kaninchen
1 Flasche trockener Weißwein
ca. 100 ml und 2 EL Olivenöl
1 große weiße Zwiebel, in Stücken
2-3 frische Rosmarinzweige
Salz, Pfeffer

Vorbereitungszeit: 10 min.
Zubereitungszeit: ca. 45 min.

Das Kaninchen vom Metzger in Portionen teilen lassen. Den Weißwein mit ca. 100 ml Olivenöl vermischen und die Kaninchenteile über Nacht darin marinieren. Kaninchen herausnehmen, mit Küchenpapier gut abtrocknen, salzen und pfeffern. 2 EL Olivenöl im Wok erhitzen. Fleisch und Zwiebel goldbraun anbraten. Rosmarinzweige dazugeben, mit wenig Marinade angießen und brutzeln lassen, bis die Flüssigkeit fast verdampft ist. Wieder etwas Marinade dazugießen, und diese Prozedur wiederholen, bis die Kaninchenteile weich sind und eine sämige, sehr intensiv schmeckende Sauce entstanden ist.

Mit Weißbrot servieren.

Kalbsleber mit Zuckerschoten und Ingwer

400 g Kalbsleber, in breiten Streifen
etwas Mehl
3 EL Erdnussöl
1 große weiße Zwiebel, dünn geschnitten
200 g Zuckerschoten
3 cm Ingwerwurzel, geschält, in dünnen Scheiben
1 EL Sojasauce
1 TL Balsamicoessig

Vorbereitungszeit: 10 min.
Zubereitungszeit: 15 min.

Leber in Mehl wälzen, überschüssiges Mehl abschütteln. 2 EL Öl im Wok erhitzen. Zwiebel, Zuckerschoten und Ingwerscheiben bei geringer Hitze darin dünsten, bis sie den gewünschten Biss haben; warmhalten. Restliches Öl erhitzen und die Leber rasch braten; sie soll innen noch rosig sein. Gemüse wieder mit erhitzen und alles mit Sojasauce und Balsamico beträufeln.

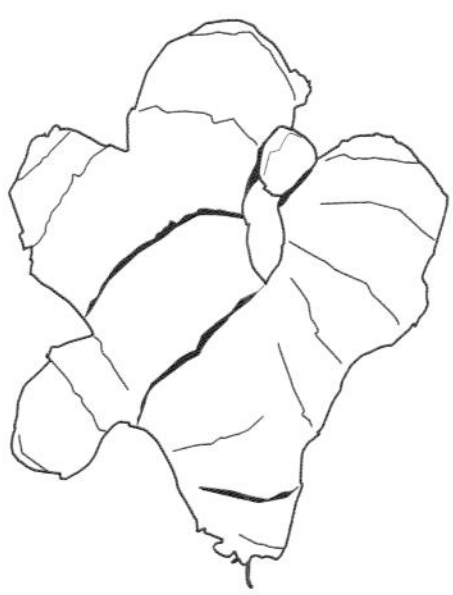

Würzige Spareribs

1,5 kg Spareribs (vom Metzger in etwa 5 cm große Stücke hacken lassen)
150 ml Sojasauce
1 geschlagenes Ei
1/4 Tasse Mehl
2 EL Pflanzenöl
125 ml Reiswein
100 g brauner Zucker
1/4 Tasse gelbe Senfkörner
2 EL Korianderblätter, grob gehackt
3 Knoblauchzehen, gepresst
1 EL frischer Ingwer, gerieben
3 TL Chiliflocken (gibt es beispielsweise in türkischen Geschäften)
1 TL Fünf-Gewürze-Pulver
1/2 TL Cayennepfeffer

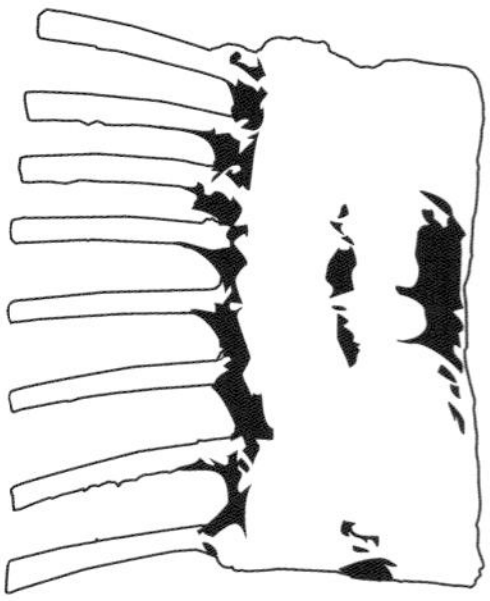

Vorbereitungszeit: 10 min.
Zubereitungszeit: 30 min.

Die Rippchen in einem großen Topf mit Wasser bedecken und zum Kochen bringen. Wenn es kocht, die Hitze reduzieren und das Fleisch (ohne Deckel) etwa 10 Minuten sieden lassen. Abgießen und die Stücke mit Küchenpapier trockentupfen. Ein Drittel der Sojasauce, Ei und Mehl in einer großen Schüssel gut vermischen und die Rippchen darin wälzen. Öl im Wok erhitzen und die Spareribs darin braten, bis sie rundherum braun sind, dann herausnehmen und zur Seite stellen. Die restlichen Zutaten in den Wok geben und rühren, bis der Zucker karamellisiert. Die Rippchen wieder hinzufügen und weiterrühren, bis sie durch und durch heiß sind. Es empfiehlt sich, Fingerschalen mit heißem Wasser und Zitronenscheiben bereitzustellen.

Scharfes Schwein

1 EL Erdnussöl
750 g Schweinefilet, in Streifen
1 Zwiebel, fein geschnitten
2 rote Chilis, fein gehackt
1 EL Zitronengras, fein gehackt
1 EL grüne Pfefferkörner, zerdrückt
1 EL Palmzucker, geschabt, oder brauner Zucker
1 EL frischer Ingwer, gerieben
4 frische Kaffirlimetten-Blätter, fein zerkleinert
2 EL grüne Curry-Paste
250 ml Kokoscreme
2 EL Thai-Basilikum, gehackt

Vorbereitungszeit: 20 min.
Zubereitungszeit: 15 min.

Das Öl im Wok erhitzen, Fleisch und Zwiebel darin kurz braten, bis sie schön braun geworden sind, und zur Seite stellen. Chilis, Zitronengras, Pfefferkörner, Zucker, Ingwer, Limettenblätter und Curry-Paste im Wok anbraten, bis sie duften. Fleisch mit Zwiebel und Kokoscreme dazugeben und rühren, bis alles durch und durch heiß ist. Mit Basilikum überstreuen.

Frittierte Schweinefleischbällchen

500 g Schweinehackfleisch
1 kleine Zwiebel, sehr fein gewürfelt
1 rote Chili, entkernt, fein gehackt
1 EL frischer Ingwer, gerieben
1 Ei
1 EL Maismehl
2 TL dunkle Sojasauce
1 EL Korianderblätter, gehackt
1 TL Öl
2 Frühlingszwiebeln in feinen Streifen
Pflanzenöl zum Frittieren
Salz und frisch gemahlener Pfeffer zum Abschmecken

Vorbereitungszeit: 10 min.
Zubereitungszeit: 10 min.

Alle Zutaten – bis auf Frühlingszwiebeln und Pflanzenöl – sehr gut vermischen; mindestens 15 Minuten ruhen lassen. Daraus Bällchen formen. Frittieröl (etwa 2 cm hoch) im Wok stark erhitzen und die Fleischbälle etwa 5 Minuten knusprig braten, herausnehmen und auf Küchenpapier abtropfen lassen. Vor dem Servieren mit den Frühlingszwiebeln dekorieren. Diese Fleischbällchen sind gut geeignet als Vorspeise, als kleine Mahlzeit zwischendurch oder als einer von mehreren Hauptgängen.

Mediterrane Schweinswürstchen

12 dünne Schweinswürstchen
1 EL Olivenöl
1 große weiße Zwiebel, in Scheiben
2 Knoblauchzehen, zerdrückt
etwa 250 g Auberginen, in Scheiben
etwa 250 g Zucchini, in Scheiben
250 g Cocktailtomaten, halbiert
1/2 Tasse frische Basilikumblätter
Parmesan, gerieben

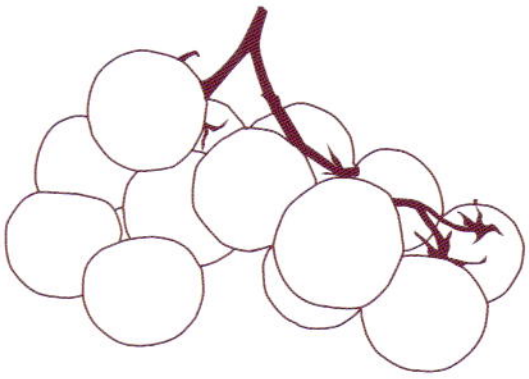

Vorbereitungszeit: 15 min.
Zubereitungszeit: 20 min.

Die Würstchen in einem Topf mit heißem Wasser etwa 5 Minuten ziehen lassen; nicht zudecken. Abgießen, trockentupfen und in Stücke schneiden. Öl im Wok erhitzen und die Würstchen mit den Zwiebelscheiben darin braten, bis sie braun und gar sind; Knoblauch kurz mitbraten und die Mischung zur Seite stellen. Auberginen und Zucchini im Wok kurz braten; sie sollen noch Biss haben. Würstchen-Mischung und Tomaten dazugeben und unter fleißigem Rütteln weiter brutzeln, bis alles durch und durch heiß ist. Vor dem Servieren mit Basilikum bestreuen und frisch geriebenen Parmesan dazu reichen.

Gebratene Nudeln mit Gemüse und Schweinefleisch

200 g chinesische Nudeln
2 EL Erdnussöl
400 g Schweineschnitzel, in Streifen
1 Zwiebel, halbiert, in dünnen Scheiben
1 EL frischer Ingwer, gerieben
2 getrocknete rote Chilis, entkernt und fein gehackt
ca. 200 g Chinakohl, in Streifen
1 kleine Stange Lauch, in Streifen
1 TL Sesamöl
2 EL Sojasauce
1 TL brauner Zucker

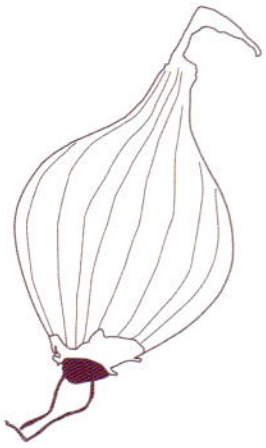

Vorbereitungszeit: 20 min.
Zubereitungszeit: 20 min.

Die Nudeln nach Kochanleitung vorbereiten und zur Seite stellen. 1 EL Öl im Wok erhitzen und das Fleisch bei kräftiger Hitze kurz braten, bis es rundum braun und knusprig ist, warmstellen. Dann das restliche Öl erhitzen, die Zwiebel mit Ingwer und Chili darin dünsten, bis sie fast weich ist, dann die Gemüsestreifen mitbraten, bis sie weich und leicht angebräunt sind, mit Sesamöl parfümieren. Sojasauce und Zucker unterrühren. Zum Schluss Fleisch und Nudeln unterheben und noch einmal kurz braten.

Mongolisches Knoblauch-Lamm

600 g Lammfilet oder -lende, in dünnen Streifen
3 Knoblauchzehen, gepresst
60 ml Sojasauce
80 ml süßer Sherry
1 EL Maismehl
2 EL Pflanzenöl
1 TL Sesamöl
1 EL brauner Zucker
8 Frühlingszwiebeln, in dünnen Streifen

Vorbereitungszeit: 10 min.
Zubereitungszeit: 10 min.

Fleisch, Knoblauch, die Hälfte der Sojasauce, die Hälfte des Sherry und Maismehl in einer Schüssel gut vermischen und mindestens 1 Stunde kaltstellen. Pflanzenöl im Wok erhitzen und das Fleisch darin braten, bis es braun und knusprig ist. Sesamöl, Zucker, Rest von Sojasauce und Sherry dazugeben und weiter köcheln, bis die Sauce angedickt ist. Von der Hitze nehmen und die Frühlingszwiebeln untermischen. Das Lammfleisch kann schon am Vortag mariniert werden. Wer das Gericht gerne schärfer hätte, sollte der Marinade 2 bis 3 rote Chilis, entkernt und fein gehackt, beifügen.

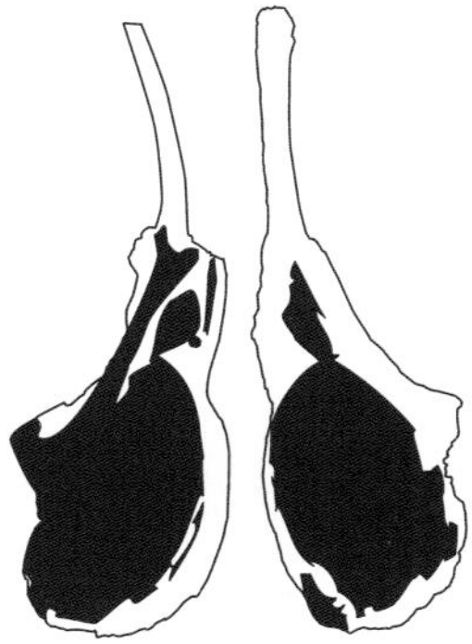

Lammhack-Bällchen mit mediterranem Gemüse

300 g Lamm-Hackfleisch (gibt es in türkischen Geschäften)
1 Ei
5 EL Olivenöl
1 TL Piment, gemahlen
1/2 TL Chiliflocken
Semmelbrösel
1 Zwiebel, in dünnen Scheiben
1 kleine Aubergine, in dünnen Scheiben
2 kleine Zucchini, in Scheiben
2 Tomaten, geschält und entkernt, in Stücken
1 grüne Paprikaschote, in Stücken
1 gelbe Paprikaschote, in Stücken
1/2 TL scharfes Paprikapulver
2 TL Provence-Kräuter, gemahlen
Salz, Pfeffer

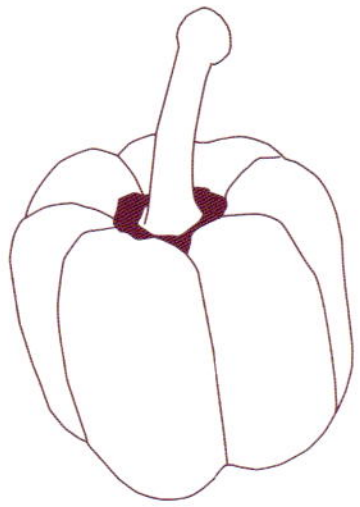

Vorbereitungszeit: 20 min.
Zubereitungszeit: 25 min.

Lamm-Hackfleisch mit Ei, 1 EL Olivenöl, Piment, Chiliflocken und Semmelbröseln zu einem weichen Fleischteig vermischen; kleine Bällchen formen und auf einem mit Semmelbröseln bestreuten Brett bereitstellen. 1 EL Öl im Wok erhitzen, Zwiebel anbräunen, Gemüse und Kräuter dazugeben und braten, bis sie den gewünschten Biss haben, mit Paprika, Salz und Pfeffer abschmecken. In einer ofenfesten Schüssel, am besten im Backofen, heißstellen. Restliches Öl in den Wok geben und die Fleischbällchen bei starker Hitze knusprig braun braten; auf dem Gemüse anrichten.

Dazu passen am besten Nudeln oder Weißbrot.

Gehacktes Lammfleisch mit Minzsauce

400 g zartes Lammfleisch, grob gehackt
1/2 TL Kreuzkümmel, gemahlen
1/2 TL Piment, gemahlen
2 EL Erdnussöl
1 grüne Paprikaschote, in Streifen
2 Tomaten, entkernt, in Streifen
3 Knoblauchzehen, in dünnen Scheiben
1 EL Ingwer, gerieben

Für die Sauce:
1 Becher Joghurt (10 % Fett)
1 Stück Salatgurke, grob gerieben
1 Knoblauchzehe, gepresst
15 frische Minzblätter, gehackt

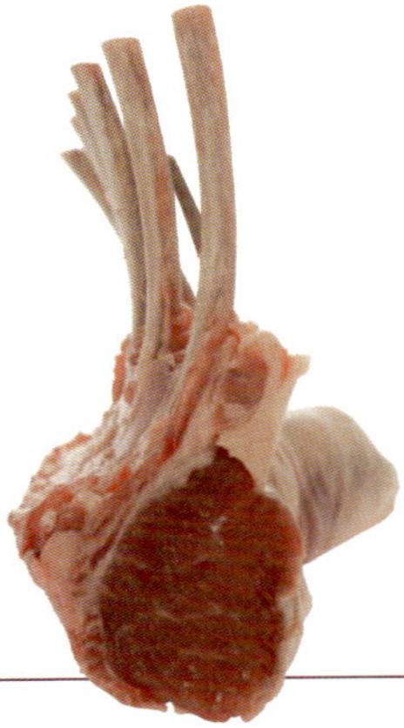

Vorbereitungszeit: 15 min.
Zubereitungszeit: 15 min.

Das Lammfleisch mit den Gewürzpulvern vermischen und mindestens eine halbe Stunde durchziehen lassen. 1 EL Öl im Wok erhitzen, Fleisch bei kräftiger Hitze knusprig braten, warmstellen. Restliches Öl erhitzen, Paprikastreifen anbraten, Tomaten, Knoblauch und Ingwer hinzufügen und weiterrühren, bis die gewünschte Konsistenz erreicht ist. Joghurt mit Gurke, Knoblauch und Minzblättern vermischen, mit Salz und Pfeffer abschmecken und in einer Schale bereitstellen. Fleisch und Gemüse auf einer Platte nebeneinander anrichten oder Fleisch im Wok untermischen und noch einmal kurz erhitzen.

Mit der Joghurtsauce servieren. Pitabrot, frisch aufgebacken, ist der ideale Begleiter dazu.

Balsamico-Rindfleisch mit Schafskäse

500 g Rinderlende, in dünnen Streifen
2 Knoblauchzehen, gepresst
1 TL Zucker
125 ml Balsamico-Essig
60 ml Olivenöl
1 große Zwiebel, in dünnen Scheiben
4 Tomaten, entkernt und in Streifen geschnitten
1 Knolle Fenchel (etwa 300 g), dünn geschnitten
1 EL frische Minze, gehackt
1 EL frische Basilikumblätter
125 g Frischkäse vom Schaf (Feta), zerkrümelt

Vorbereitungszeit: 20 min.
Zubereitungszeit: 15 min.

Das Fleisch mit Knoblauch, Zucker, der Hälfte des Balsamico und der Hälfte des Öls vermischt mindestens 3 Stunden oder über Nacht kaltstellen. Die Hälfte des verbliebenen Öls im Wok erhitzen, Fleischmischung und Zwiebel darin braun braten, herausnehmen und warmhalten. Tomaten und Fenchel im Wok dünsten, bis der Fenchel gar ist. Fleischmischung in die Pfanne zurück geben und mit restlichem Essig und Öl, Minze und Basilikum durch und durch erhitzen. Den Feta vor dem Servieren darüber streuen.

Rindfleisch mit Äpfeln und Pflaumen

600 g Rinderlende, in Streifen
1 TL Zimt, gemahlen
1 TL Gewürznelken, gemahlen
2 EL brauner Zucker
3 Knoblauchzehen, zerdrückt
1 Bund Schnittlauch, fein geschnitten
4 EL Erdnussöl
2 rote Zwiebeln, in dünnen Scheiben
2 mittelgroße Äpfel (möglichst saure Sorte), ungeschält, grob gerieben
etwa 200 g Pflaumen oder Zwetschgen, entkernt und halbiert

Vorbereitungszeit: 10 min.
Zubereitungszeit: 10 min.

Das Fleisch mit Zimt, Nelken, Zucker, Knoblauch, Schnittlauch und der Hälfte des Öls vermischen und mindestens 3 Stunden oder über Nacht im Kühlschrank ziehen lassen. Das restliche Öl im Wok erhitzen, Fleischmischung und Zwiebeln braten, bis sie rundherum braun sind, dann Äpfel und Pflaumen unterheben und weiter auf dem Herd lassen, bis alles durch und durch heiß ist. Am besten den Wok immer wieder kräftig hin und her schütteln, damit nichts anbrennt.

Gabriele Rescher
Aldidente – Auf die Pasta, fertig, los!
Die besten Nudelrezepte
ISBN 3-8218-6002-2

Gertrude Fein
Aldidente – Wunder-Wok
Schnell, gesund und knackig kochen
ISBN 3-8218-6003-0

Betty Laube
Genießen wie am Mittelmeer
Die leichte Küche aus dem Süden
ISBN 3-8218-6006-5

Eichborn
Kaiserstraße 66
60329 Frankfurt/Main
Tel. 069/25 50 03-0
Fax 069/25 60 03-30
www.eichborn.de

Wir schicken Ihnen gern ein Verlagsverzeichnis.